C.

CH00767000

LUIS ALONSO SCHÖKEL

Cien máximas bíblicas

Dios

EDICIONES MENSAJERO

2ª Edición.

Portada y diseño: Alvaro Sánchez

© Luis Alonso Schökel
© 1997 Ediciones Mensajero, S.A.
  Sancho de Azpeitia, 2 - 48014 BILBAO
  Apartado 73 - 48080 BILBAO
  E-Mail: mensajero@mensajero.com
  Web: http:// www.mensajero.com
  ISBN: 84-271-2123-7
  Depósito Legal: BI-546-01
  Printed in Spain

Impreso en GRAFMAN S.A. • Pol. Ind. El Campillo • Gallarta (Vizcaya)

Prólogo

Teología –theo-logia– es un hablar de Dios. ¿Cómo puede hablar del Dios infinito un hombre limitado? ¿Hay un lenguaje humano para tema tan inaccesible? Podrá balbucir. Cuando hable de Dios empleará o analogías metafísicas o símbolos poéticos o conceptos extraídos de los símbolos. Decía Efrén, con la imagen menos convincente del vestido:

> "Se vistió con los nombres de las cosas por nuestra debilidad. Sin esos nombres no podría haber hablado con los hombres; pero se viste y se desnuda para dar a entender que la imagen no es su esencia. Su esencia invisible se viste de imágenes sensibles".

La Biblia habla en símbolos, y vamos a usar su lenguaje. Me ceñiré casi exclusivamente al Antiguo Testamento. El material es abundantísimo; me contentaré, pues, con seleccionar textos variados y pertinentes. No compilaré un tratado de teología bíblica; a lo más, ofreceré hojas de una teología simbólica. Un resultado poco acostumbrado. Con alguna aprensión me atrevo a añadir algún comentario mío: en parte, introducción al símbolo; en parte, resonancia contemplativa.

El lector se encontrará quizá en territorio no recorrido antes. Si algún símbolo lo desconcierta, acepte el desconcier-

to para saltar más allá de lo obvio y sabido. Lo importante son los textos bíblicos: debería leer, no de corrida, y meditar. Hasta asimilar los que serán su selección personal.

1

Dios creador

Al principio creó Dios el cielo y la tierra.
Gn 1, 1

Al principio de la Biblia se profesa un principio de nuestra fe: Dios es el Creador del universo. El acto creador es el principio del tiempo. Cielo y tierra componen, para los hebreos, la totalidad, el universo. *"El cielo pertenece al Señor, la tierra se la ha dado a los hombres"* (Sal 115, 16). Nada hay en el universo que no sea creatura de Dios. Por eso al universo, a la naturaleza los llamamos la Creación. En el acto creador empieza a actuar *"la bondad y misericordia"* de Dios (Sal 136).

2

Creador soberano

*Por la palabra del Señor se hizo el cielo,
por el aliento de su boca, sus ejércitos.*
Sal 33, 6

Un soberano da órdenes que son ejecutadas. Actúa
por medio de su palabra, que es aliento modelado, que
es formulación de su voluntad: *"Nuestro Dios hizo cuanto quiso".* Así imagina la Biblia al Creador: dando órdenes que se cumplen, órdenes que suenan en la frontera
del no ser y el ser: *"Que exista la luz. Y la luz existió"* (Gn
1, 3); *"Llama a existir lo que no existe"* (Rom 4, 17). Por eso
se dice que Dios creó por medio de la palabra. Diez
órdenes de Dios suenan en la primera página de la
Biblia, las tres últimas referidas al hombre.

3

Creador victorioso

Es como si la nada, con su incapacidad de ser por sí, se resistiera a la existencia y tuviera que ser vencida por "El que es". Es como si el ser contingente gravitase hacia el no ser y Dios tuviera que contrarrestarlo con su poder conservador. La imaginación ha proyectado la creación como batalla y victoria de Dios sobre un océano caótico y hostil.

> *¿No eres tú quien destrozó al monstruo*
> *y traspasó al dragón?*
>
> Is 51, 9

> *Tú que reprimes el estruendo del mar.*
>
> Sal 65, 8

> *Le puse un límite con puertas y cerrojos:*
> *"Aquí cesará la arrogancia de tus olas"*
>
> Job 38, 10

La fuerza se manifiesta venciendo la resistencia: en esas imágenes sentían los antiguos el poder incontrastado de Dios.

4

Creador proyectista

*El Señor me creó como primera de sus tareas,
antes de sus obras.
Desde antiguo, desde siempre fui formada,
desde el principio, antes del origen de la tierra.*

Prov 8, 22-23

Un ingeniero, un arquitecto, es creador inteligente.
Antes de realizar su obra la proyecta y planea, diferencia
formas y funciones, acopla en unidad. Imaginamos el
puente, la catedral formados en su mente. Al imaginar a
Dios según esta analogía, llama el autor bíblico "sabiduría" a esa etapa previa. Como si Dios concibiese el universo entero antes de realizarlo. Por eso se dice que Dios
creó por medio de la Sabiduría: *"Cuántas son tus obras,
Señor, y todas las hiciste con maestría"* (Sal 104, 24).

5

Creador artesano

El Señor cimentó la tierra con destreza
y estableció el cielo con pericia.

Prov 3, 19

Cuando contemplo el cielo, obra de tus dedos...

Sal 8, 4

El artesano hace sus obras con las manos, con los dedos, ayudado quizá de instrumentos. Así imaginamos a Dios, aplicando sus manos inmediatamente, sin instrumentos. La sabiduría del artesano, su saber hacer, lo llamamos habilidad, destreza, pericia. También este saber se lo atribuimos a Dios: *"su destreza no tiene medida"* (Sal 147, 5). La primera página de la Biblia afirma que *"Dios hizo"*, y concluye: *"y descansó Dios de toda su tarea de crear"* (Gn 2, 3).

6

Creador artista

Vio Dios que la luz era buena
y llamó a la luz Día.

Gn 1, 4

Y vio Dios todo lo que había hecho:
y era muy bueno.

Gn 1, 31

El artesano se detiene a contemplar la obra terminada, la encuentra bien hecha, bella. No es vanidad, no es narcisismo; es la complacencia lógica y legítima, la satisfacción por la tarea cumplida: *"Goce el Señor con sus obras"* (Sal 104, 31). También el poeta contempla, y nombra. Pronuncia los nombres primigenios, no gastados. Dios mismo comienza la empresa de nombrar.

Llamó Dios a la luz "día" y a la tiniebla "noche".

Gn 1, 5

Llamó Dios a los continentes tierra
y a la masa de las aguas la llamó mar.

Gn 1, 10

7

Todo es bueno

Las obras de Dios son todas buenas
y cumplen su función a su tiempo.
> Eclo 39, 16

No vale decir: ¿para qué sirve esto?,
pues cada cosa tiene asignada su función.
No vale decir: "Esto es peor que aquéllo",
porque cada cosa vale en su momento.
> Eclo 39, 21

Ante la complejidad desbordante de los seres, ante su actividad desconcertante, puede surgir la objeción: No todo es bueno en la creación. Ben Sira responde apelando a la función de cada ser en cada momento. No basta considerar la esencia de cada ser; hay que contar con la coyuntura o conjunción de factores que determinan cada situación. Otros autores insisten en que Dios es creador único, frente a cualquier intento de postular un demiurgo autor del mal: *"Artífice de la luz, creador de las tinieblas"* (Is 45, 7).

8

Reposo de Dios

*Para el día séptimo
había concluido Dios toda su tarea;
y descansó el día séptimo de toda su tarea.*

Gn 2, 2

*En seis días hizo el Señor el cielo, la tierra, el
mar y lo que hay en ellos, y el séptimo descansó; por eso bendijo el Señor el sábado y lo san-
tificó.*

Ex 20, 11

El autor separa temporalmente actividad y descanso,
a imagen de la actividad humana, que Dios sanciona
con esta imagen. Pero en Dios se funden, no se distinguen actividad y reposo. Acción sin agitación, tarea sin
prisa. Actividad reposada o reposo activo. Sosiego. Y
Dios invita al hombre a *"entrar en su reposo"*, a participar de él (Heb 4, 3-4).

9

Dios único

Escucha Israel: el Señor nuestro Dios es solo uno. Amarás al Señor, tu Dios, con todo el corazón, con toda el alma, con todas las fuerzas.

Dt 6, 4

No hay otro Dios fuera de mí.
Yo soy un Dios justo y Salvador,
y no hay ninguno más.

Is 45, 21

Los antiguos se fabricaban dioses de *"piedra y leño, de plata y oro"*. También respetaban, como si fueran dioses, a poderes económicos, políticos y militares. Hoy nuestros ídolos están secularizados: disimulados, ocupan el puesto de Dios. La proclamación del Dios único siempre será actual.

10

Gloria e imagen

La gloria del Señor sobre los cielos.
Sal 113, 4

Los cielos proclaman la gloria de Dios.
Sal 19, 2

Llena está la tierra de su gloria.
Is 6, 3

Dios hizo al hombre a imagen suya.
Eclo 17, 3

Si la gloria de Dios se refleja en cielo y tierra, tomaremos esos reflejos para dirigirlos de palabra hacia Dios. Si el hombre es la imagen de Dios, a imagen del hombre hablaremos de Dios. Así será nuestra teo-logía, nuestro hablar de Dios: en imágenes del hombre y de cuanto el hombre experimenta. Siempre por semejanzas cósmicas y humanas, como en espejo, al margen tremendo del misterio.

11

Dominios de Dios

El Creador de Gn 1 queda fuera de su creación. El Dios del salmo 104 es Señor en sus dominios. Construye su palacio encima de las aguas celestes, despliega el cielo como única y gigantesca tienda; su manto real es la luz, las nubes son su carroza, los vientos sus corceles. Cimienta la tierra y reprime la rebeldía del océano, abreva a los animales salvajes, riega desde la altura los árboles, echa comida a las fieras. Juega con un cetáceo. Asigna puestos y funciones y activa la actividad de sus creaturas.

> *Bendice, alma mía, al Señor:*
> *Señor, Dios mío, eres inmenso.*
> Sal 104, 1

> *¡Cuántas son tus obras, Señor,*
> *y todas las hiciste con maestría!*
> Sal 104, 24

> *Cantaré al Señor mientras viva.*
> Sal 104, 33

Y aprenderé a sentir la presencia activa de Dios en sus creaturas.

12

Dios luz

El Señor es mi luz y mi salvación.
Sal 27, 1

A tu luz vemos la luz.
Sal 36, 10

Ser dado a luz es nacer a este mundo; ver la luz es vivir, no ver la luz es morir (Sal 13, 4); el Hades o Seol es el reino de la tiniebla *"donde la misma claridad es sombra"* (Job 10, 22). Con su palabra Dios ilumina los pasos del hombre. Dios es la luz suprema y verdadera, luz de la vida plena. Cuando el Señor reine definitivamente,

> *ya no será el sol tu luz en el día*
> *ni te alumbrará la claridad de la luna;*
> *será el Señor tu luz perpetua.*
> Is 60, 19

13

Dios viento

Más que movimientos o corrientes de aire, evoquemos en la imaginación el viento como energía desencadenada, veloz, arrolladora, capaz de tronchar árboles y trasportar nubes. De ahí subamos a imaginar el dinamismo incontenible de Dios actuando en la esfera cósmica y humana. Podemos llamarlo viento, aliento o espíritu de Dios.

> *Un viento de Dios se cernía*
> *sobre la faz de las aguas.*
> Gn 1,2

> *El viento de Dios comenzó a agitar a Sansón.*
> Jue 13,25

> *Cuando yo me separe de ti,*
> *el viento del Señor*
> *te arrebatará no sé a dónde.*
> 1 Re 18,12

En la serie pueden entrar Gedeón y Jefté y Saúl y los profetas, movidos, agitados, impulsados por ese viento divino que es su Espíritu.

14

Dios aliento

Los hebreos han percibido la identidad, como aire, de viento y aliento. Nuestro aliento se hace soplo, minúsculo viento; el viento huracanado es el soplo de un ser sobrehumano. Pero el aliento es el respiro de vida y actividad que Dios infundió y vuelve a infundir. Un aliento diferenciado desciende sobre el Mesías:

> *Se posará sobre él el aliento del Señor:*
> *aliento de sensatez e inteligencia,*
> *aliento de valor y de prudencia,*
> *aliento de conocimiento y respeto del Señor.*
>
> Is 11, 2

Ezequiel lo experimenta de varias formas: *"Me arrebató el espíritu y me llevó en volandas... Bajó sobre mí el espíritu del Señor... Penetró en mí el espíritu"* (Ez 11, 1.5; 2, 2).

15

Espíritu de vida

Dios modeló al hombre de arcilla del suelo,
sopló en su nariz aliento de vida,
y el hombre se convirtió en un ser vivo.

Gn 2, 7

El don de la vida procede del Dios vivo y toma forma de aliento. El que lo dio lo puede retirar y renovar:

Les retiras el aliento y perecen
y vuelven al polvo.
Envías tu aliento y lo recreas
y renuevas la faz de la tierra.

Sal 104, 29-30

El Eclesiastés lo dice así: *"el polvo vuelva a la tierra que fue y el espíritu a Dios que lo dio"* (Ecl 12, 7). Por eso Dios lleva el título *"Dios de los espíritus de todos los vivientes"* (Nm 16, 22).

16

Espíritu de consagración

Crea en mí, Dios, un corazón puro,
renuévame por dentro con espíritu firme.
No me arrojes lejos de tu rostro
ni me quites tu santo espíritu.
Devuélveme el gozo de la salvación,
afiánzame con un espíritu generoso.

Sal 51, 12-14

Un aliento santo, divino, penetra en el hombre y confiere firmeza al espíritu humano. Siendo de origen divino, consagra al hombre, porque lo hace propiedad de Dios. Y por ser viento dinámico, implanta en el hombre un dinamismo nuevo, de espontaneidad y generosidad.

17

Dios agua

*Les das a beber del torrente de tus delicias
porque en ti está la fuente viva.*
Sal 36, 9.10

*Me abandonaron a mí, fuente de agua viva,
y se cavaron aljibes, aljibes agrietados
que no retienen el agua.*
Jr 2, 11

Los hebreos no han contemplado la inmensidad y plenitud del mar como imagen de la divinidad; porque el mar, levantisco y agitado, representa la oposición y resistencia a Dios. Tampoco lo han imaginado como lago quieto. Han escogido la imagen de la fuente siempre manante, del agua que brota siempre y fluye repartiendo fertilidad y frescura. Pero Dios puede ser también torrente arrollador:

Tus rompientes y tus olas me han arrollado.
Sal 42, 8

18

Dios fuego

Dios es un fuego, inaccesible a los humanos.

> *¿Quién de nosotros habitará*
> *en un fuego devorador?*
> Is 33, 14

Su cercanía es ardiente, deshace las montañas y los enemigos.

> *Bajo él se derriten los montes,*
> *como cera junto al fuego.*
> Miq 1, 4

Es también fuego que acrisola al hombre, lo funde y purifica (Mal 3, 2). Puede ser el fuego de un celo amoroso, apasionado,

> *...el fuego de mi celo.*
> Ez 36, 5

Daniel compone un escenario ígneo, fogoso, para la corte celeste (Dn 7, 9-10).

19

Fuego de ira

Los hebreos ponían en la nariz la sede de la cólera. La ira enciende el rostro y la nariz. Se siente como fuego que sube desde dentro. Si la ira se des-foga (se des-fuega) hacia fuera, abrasa y devora hasta consumir. Por eso, el castigo escatológico, sentencia de la ira, se ejecuta con fuego que purifica o aniquila.

> *La luz de Israel se convertirá en fuego,*
> *su Santo en llama que arderá y devorará*
> *sus zarzas y cardos en un solo día.*
>
> Is 10, 17

> *El Señor llegará con fuego*
> *y sus carros como torbellino,*
> *para desfogar con furor su ira*
> *y su indignación con llamas.*
>
> Is 66, 15

20

Señor de la tormenta

Entre todos los fenómenos atmosféricos, la tormenta impresionó de modo particular a los antiguos. En su terrible magnificencia contemplaban una manifestación de Dios, teo-fanía. El trueno era su voz, de efectos materiales devastadores (Sal 29). Los rayos eran sus flechas, las nubes, toldo o escabel. El nubarrón opaco lo ocultaba. Entre las muchas descripciones del AT selecciono unos versos del Sal 18:

> *De su nariz se alzaba una humareda,*
> *de su boca un fuego voraz*
> *y lanzaba ascuas al rojo.*

(Sal 18, 9)

> *Como un toldo lo rodeaban*
> *oscuro aguacero y nubes espesas.*
> *Al fulgor de su presencia, las nubes*
> *se deshicieron en granizo y centellas;*
> *mientras el Señor tronaba en el cielo,*
> *el Altísimo lanzaba su voz.*

(Sal 18, 12-14)

21

Dios sol

El Señor es sol y escudo.
Sal 84, 12

La única vez que se dice expresamente. Porque los hebreos no divinizan al sol y tienen miedo de que sea adorado (Dt 4). Por eso prefieren aplicarle predicados propios del sol, en particular el amanecer:

> *¡Levántate, brilla, que llega tu luz:*
> *la gloria del Señor amanece sobre ti!*
> *Mira: las tinieblas cubren la tierra,*
> *pero sobre ti amanecerá el Señor.*
> Is 60, 1-2

La tardanza de la aurora y el sol crea en el orante una impaciencia y expectación que se expresan en música. Viene la aurora, rayos del sol oculto suben del horizonte al cielo, aparece el sol-Señor, y la tierra se inunda de su gloria-luz:

> *Despertad, arpa y cítara,*
> *despertaré a la aurora.*
> Sal 57, 9

> *¡Alzate sobre el cielo, Dios mío,*
> *y llene la tierra tu gloria!*
> Sal 57, 12

Pronunciemos estos versos por la resurrección de Jesucristo.

22

Dios sombra

*A la sombra de tus alas me refugio
mientras pasa la calamidad.*

Sal 57, 2

Fuiste sombra en la canícula.

Is 25, 4

El sol, torrente de energía, puede ser mortal. En tal caso la sombra es vida. Del sol de mediodía en el desierto se protege el beduino a la sombra de su tienda. Quien trabaja a la intemperie *"suspira por la sombra"* (Job 7, 2). En los bochornos amenazadores de la vida oremos:

*Tú, que habitas al amparo del Altísimo
y te hospedas a la sombra del Omnipotente,
di al Señor: «refugio mío, alcázar mío,
Dios mío, confío en ti».*

Sal 91, 1-2

23

Dios de la lluvia

Hace subir las nubes desde el horizonte,
con los rayos desata la lluvia.

Jr 10, 13

Una tierra que bebe el agua
de la lluvia del cielo;
una tierra de la que el Señor se ocupa
y está siempre mirando por ella,
desde el principio del año hasta el fin.

Dt 11, 11-12

Si la existencia de los seres depende del Creador, no menos depende la subsistencia del Conservador y la actividad del Activador. Un pueblo de labradores dependía de la lluvia, de Dios que la controlaba. ¿Y nuestra cultura? Las lluvias nos traen agua para beber, para lavar, para regar, para producir energía. Dios no cesa en su actividad benéfica.

24

Dios refugio

Dios es nuestro refugio y fortaleza,
auxilio en los asedios, siempre disponible;
por eso no tememos
aunque se trastorne la tierra
y los montes vacilen en el mar.

Sal 46, 2-3

Baldaquino y tabernáculo cubrirán su gloria:
reparo en el aguacero, cobijo en el chubasco.

Is 4, 6

El refugio nos ofrece seguridad en momentos de peligro. Sea peligro de invasión y asedio bélico, sea peligro de catástrofes naturales. Refugio de montaña, refugio antiaéreo. Asilo fue el arca durante el diluvio; asilo fueron las casas de los hebreos en Egipto mientras pasaba el exterminador; Is 26, 20 habla de un asilo escatológico. El templo tenía derecho de asilo. El orante traslada la función de asilo o refugio a Dios mismo. Un refugio siempre accesible.

25

Dios roca

No hay roca como nuestro Dios.
1 Sm 2, 2

¡Viva el Señor, bendita sea mi Roca!
2 Sm 22, 47

El Señor es la Roca perpetua.
Is 26, 4

¡Dios mío, Roca mía en que me refugio!
Sal 18, 3

Roca o peñón o montaña rocosa. Lugar inaccesible de refugio; seguridad protectora; terreno firme donde construir fortalezas. El orante experimenta en su Dios una solidez compacta y duradera, un lugar donde afirmar su existencia. Pero ¡atención!, que por culpa del hombre

será piedra para tropezar y roca para despeñarse.
Is 8, 14

26

Dios liberador

Yo soy el Señor:
os quitaré de encima las cargas de los egipcios,
os libraré de vuestra esclavitud,
os rescataré con brazo extendido
y haciendo justicia solemne.

Ex 6, 6

En la fe y la piedad de Israel el Señor será siempre el Dios *"que los sacó de Egipto"*. El hecho es base de la alianza, de la fidelidad y la confianza. En aquella salida no se agotó el poder salvador de Dios:

Escuchadme, casa de Israel,
con quien he cargado desde que nacisteis.
Hasta vuestra vejez yo soy el mismo.
Yo lo he hecho y os seguiré llevando.

Is 46, 3.4

27

Dios rescatador

No temas, que te he rescatado,
te he llamado por tu nombre y eres mío.
Como rescate tuyo entregué a Egipto,
porque te aprecio y te quiero.

Is 43, 1.2

Cuando una heredad familiar se enajena, alguien de la familia tiene que rescatarla y recobrarla para la familia y descendencia. Cuando un israelita cae esclavo, alguien de la familia debe rescatarlo para que recobre la libertad nativa. Cuando no pueden los privados, toca al rey rescatar. Por encima de los hombres, es el Señor quien rescata: su propiedad secuestrada, sus hijos esclavizados.

El Señor lo rescató de una mano más fuerte,
y vendrán entre aclamaciones a Sión.

Jr 31, 10

28

Dios consolador

Exulta, cielo; alégrate, tierra;
romped en aclamaciones, montañas,
porque el Señor consuela a su pueblo
y se compadece de los desamparados.

Is 49, 13

Puede un juez liberar sin afectarse; puede un militar defender sin empeñar sus sentimientos. Consolar es otra cosa. El Dios liberador quiere infundir su consuelo a los liberados, se acerca a ellos con afecto. Por eso recurre también a la imagen familiar:

Mamaréis, os llevarán en brazos,
sobre las rodillas os acariciarán.
Como a un niño a quien su madre consuela,
así os consolaré yo.

Is 66, 12.13

29

Dios león

*Como gruñe el león o el cachorro con su presa
y se reúne contra él un tropel de pastores,
pero él no se arredra de sus voces
ni se intimida por su tumulto,
así bajará el Señor de los Ejércitos
a combatir sobre el Monte Sión.*

Is 31, 4

El poeta es atrevido. Ha contemplado la fiereza del león, seguro de su fuerza, haciendo frente a un tropel hostil. Y proyecta esa fiereza combativa en su Dios, que baja a combatir con el enemigo para defender a su pueblo. Oseas nos da otra imagen: un león que, con un rugido, convoca y hace venir, medrosos, a los que se alejaron de él (Os 11, 10).

30

Dios fiera

Más audaz este poeta que imagina a Dios como fiera que se ensaña. La imagen zoomórfica tiene que producir una sacudida en el oyente: Dios acecha, asalta, desgarra, devora. Para abatir muros de prejuicios, para que vislumbre la gravedad de ser infiel a su Dios.

> *Seré para ellos como leopardo,*
> *los acecharé como pantera en el camino,*
> *los asaltaré como osa a quien roban las crías*
> *y les desgarraré el pecho;*
> *allí los devoraré como un león,*
> *y las fieras los descuartizarán.*

Os 13, 7-8

No es la última palabra de Oseas ni de Dios. Dios amenaza gravemente para no tener que cumplirlo.

31

Dios polilla

Castigando la culpa educas al hombre,
y roes como polilla sus tesoros.
El hombre no es más que un soplo.

Sal 39, 12

Si Dios ha plasmado así al hombre, de tierra, puede el orante imaginar que Dios es el autor de su lenta desintegración. No de un zarpazo, como un león, sino calladamente, desde dentro. La realidad biológica se agrava por la culpa del hombre. La presencia y exigencia de Dios va consumiendo cuanto el hombre atesora, hasta su vida. El orante en su angustia vital siente la acción de Dios enigmática y turbadora. Y lo pronuncia. Pero hay un Dios que puede reintegrar para siempre lo desintegrado: roe para rehacer.

32

Dios águila

Os transporté en alas de águila.
Ex 19,4

Como el águila incita a su nidada
aleteando sobre los polluelos,
así extendió las alas, los tomó
y los llevó sobre sus plumas.
Dt 32,11

La comparación es hiperbólica, porque sintetiza en un raudo vuelo el lento caminar por el desierto. Así le parece al hombre desde abajo; a escala divina es un vuelo majestuoso, alto y sostenido. ¿No se nos pasan los años en un vuelo? ¿No será el vuelo de un Dios que nos sustenta y transporta?

33

Rostro de Dios

El Señor hablaba con Moisés cara a cara,
como habla un hombre con su amigo.

Ex 33, 11

Mi rostro no lo puedes ver,
porque nadie puede verlo y quedar con vida.

Ex 33, 20

La primera frase intenta expresar el trato personal con Dios. La segunda se refiere a ver a Dios como es: un hombre no podría resistir tal grandeza, moriría. Con todo el hombre *"busca el rostro de Dios"*, es decir, acude a él, lo visita sin imagen en el templo. La búsqueda puede tomar la forma de una pelea, de la que el hombre sale cojeando, pobre peregrino hacia la patria, como Jacob en Penuel:

He visto a Dios cara a cara y he salido vivo.

Gn 32, 31

Queda el ansia y la esperanza de verlo:

Al despertar me saciaré de tu semblante.

Sal 17, 15

34

Rostro benévolo de Dios

El Señor tenga piedad y te bendiga.
El Señor te muestre su rostro radiante,
y tenga piedad de ti.
El Señor te muestre su rostro
y te conceda la paz.

Nm 6, 24-26

Es la fórmula clásica de bendición. El Señor se manifiesta a la comunidad, expresa su benevolencia como luz que irradia de un rostro. Piedad para remediar desgracias, paz como síntesis de bienes. Por eso reza el hombre confiado:

> *Muestra a tu siervo tu rostro radiante,*
> *sálvame por tu lealtad.*

Sal 31, 17

35

Rostro airado de Dios

En un arrebato de ira
te escondí un instante mi rostro.
Is 54, 8

Nos ocultabas tu rostro
y nos entregabas en poder de nuestra culpa.
Is 64, 6

Oculta el rostro para no ver y para no ser visto. Niega audiencia al culpable. Sin esconder el rostro, lo presenta para *"enfrentarse con el malvado y extirparlo"* (Sal 34, 17; Lv 17, 10) Pero no oculta el rostro al inocente perseguido (Sal 22, 25). Por su parte, el pecador arrepentido suplica:

Tápate el rostro ante mi pecado.
Sal 51, 11

36

Ojos de Dios

Sólo teme la mirada de los hombres,
y no sabe que los ojos del Altísimo
son mil veces más brillantes que el sol
y contemplan todos los caminos de los hombres
y penetran hasta lo más escondido.

Eclo 23,19

Ojos vigilantes que, según Zac 4, 10 *"se pasean por toda la tierra"*. Job no puede soportar la mirada fija de Dios, a quien atribuye sus desgracias (Job 14, 3). Pero los ojos de Dios también pueden estar abiertos para ver el sufrimiento de *"sus fieles que esperan en su misericordia"* (Sal 33, 18). Por eso reza Salomón en la inauguración del templo: *"Día y noche estén tus ojos abiertos sobre este templo"* (1 Re 8, 29).

37

Oídos de Dios

El que plantó el oído ¿no va a oír?
Sal 94, 9

Estén tus oídos atentos
a mi petición de gracia.
Sal 130, 2

En el peligro invocaba al Señor
pidiendo socorro a mi Dios;
desde su templo escuchó mi clamor,
mi grito de socorro
llegó a su presencia, a sus oídos.
Sal 18, 7

Es como si el grito humano ascendiese al cielo; como si Dios estuviera dispuesto a escucharnos. Aunque a veces nos parece que *"nuestro grito no lo alcanza"* (Sal 22, 2). Los oídos de Dios escuchan las súplicas que pronunciamos y auscultan nuestra oración interior y callada.

38

Dios mira y contempla

El Señor se asoma desde el cielo
sobre los hijos de Adán,
para ver si hay alguno sensato
que busque a Dios.

Sal 14, 2

Es como la mirada antes del diluvio, cuando Dios descubre a un solo hombre justo con su familia. Es como la mirada de Dios cuando decide la encarnación (*Ejercicios* de San Ignacio). El resto del salmo muestra que viven víctimas inocentes.

Otea desde el cielo, mira,
desde tu morada santa y gloriosa.

Is 63, 15

El Señor se ha asomado
desde su excelso santuario.

Sal 102, 20

El soberano responsable es invitado a observar la desgracia de sus fieles para actuar.

39

Dios escucha y responde

Una pobre madre, expulsada de casa, vagando por el desierto.

> *Cuando se le acabó el agua del odre,*
> *colocó al niño debajo de unas matas;*
> *se apartó y se sentó a solas,*
> *a la distancia de un tiro de arco, diciéndose:*
> *«No puedo ver morir a mi hijo».*
> *Y se sentó a distancia. El niño rompió a llorar.*
> *Dios oyó la voz del niño.*
>
> Gn 21, 15-17

Y Dios consoló a la madre con una promesa. Ese niño es universal: el llanto de los débiles, aun sin palabras, conmueve a Dios.

> *Antes de que me llamen,*
> *yo les responderé.*
> *Aun estarán hablando*
> *y los habré escuchado.*
>
> Is 65, 24

40

Boca de Dios

Dios modeló al hombre de arcilla del suelo,
sopló en la nariz aliento de vida,
y el hombre se convirtió en ser vivo.

Gn 2, 7

El hombre no vive de solo pan
sino de todo lo que sale de la boca de Dios.

Dt 8, 3

De la boca de Dios sale el soplo de vida, pues toda vida procede del Dios vivo. De la boca de Dios salen sus palabras: mandatos, exhortaciones, reproches, promesas. De todas necesita el hombre para su vida realmente humana. Boca de Dios pueden ser los profetas, que trasmiten su mensaje. Y el hombre quiere prescindir de esas palabras para asegurar y mejorar su vida. Pero de la boca de Dios puede salir fuego devorador: *"Sus labios están llenos de furor, su lengua es fuego abrasador"* (Is 30, 27).

41

Voz de Dios

La voz del Señor sobre las aguas,
el Dios de la gloria ha tronado.

Sal 29, 3

Después del fuego se oyó una brisa tenue.
Elías se tapó el rostro con el manto.

1 Re 19, 12.13

El trueno suena como la voz cósmica de Dios: poderosa, sobrecogedora. Pero la voz de Dios puede adelgazarse en brisa: refrescante, acariciadora. Los israelitas temían escuchar aquella voz, que creyeron mortífera y era salvífica. La voz de Dios sigue resonando en la naturaleza para quien sepa escuchar; y los cielos, sin voz ni palabras, proclaman la gloria de Dios (Sal 19). Sigue sonando dentro del hombre, como voz de amigo y amante (Cant 2).

42

Dios llama

El que cuenta y despliega su ejército
y a cada uno lo llama por su nombre.
Tan grande es su poder, que no falta ninguno.
Is 40, 26

Es la llamada de Dios a los astros, que son sus huestes. Aunque son innumerables, a todos los conoce por su nombre.

Así sabrás que yo soy el Señor,
que te llamo por tu nombre.
Is 45, 3

Esta vez es la llamada histórica, de un rey pagano, para un designio de salvación del pueblo desterrado.

Cuando Israel era niño
y estaba en Egipto, lo llamé.
Os 11, 1

Dios llama a Moisés, su colaborador, a los profetas. Y sigue llamando a cada uno por su nombre, para una vocación y una misión.

43

Palabra de Dios

Cuando recibía tus palabras, las devoraba;
tu palabra era mi gozo y mi alegría íntima.
Jr 15, 16

La sentía dentro como fuego ardiente:
me esforzaba por contenerla, y no podía.
Jr 20, 9

En dos momentos críticos de su misión, el profeta recuerda con añoranza los primeros y dulces mensajes de esperanza. Ahora le queman los mensajes amenazadores que Dios le comunica. La palabra es dentro de él fuego de volcán que se abre camino.

La palabra que sale de mi boca
no volverá a mí vacía,
sino que cumplirá mi voluntad.
Is 55, 11

La compara a la lluvia que baja del cielo y fecunda la tierra.

44

Dios anuncia el futuro

¿Quién anunció de antemano el porvenir?
¿Quién nos predice lo que ha de suceder?

Is 44, 7

¿Quién lo ha hecho y ejecutado?
El que anuncia el futuro de antemano.

Is 41, 4

Yo soy quien frustra los presagios de los magos
y delata la necedad de los agoreros;
pero realiza la palabra de sus siervos,
cumple el proyecto de sus mensajeros.

Is 44, 25.26

Fuera del tiempo, Dios tiene presentes todos los tiempos. Lo que para nosotros es futuro es presente para él. El conjuga saber con poder, controla planes y ejecución. Puede comunicar el porvenir a sus mensajeros, los profetas. Pero muchos prefieren escuchar a agoreros y adivinos, a falsas profecías, a *"quienes pronostican cada mes lo que va a suceder"* (Is 47, 13).

45

Dios pregunta

No por que no sepa él, sino para que sepamos noso-tros. No sabemos o no queremos cuestionarnos. La pre-gunta relativiza y hace progresar. La pregunta de Dios hace que nos conozcamos, nos hace pensar, nos hace enmendar y decidir. A Elías, huido de Jezabel y refu-giado en el monte Horeb, Dios le pregunta:

¿Qué haces aquí, Elías?
1 Re 19, 9

A Jonás, el profeta recalcitrante que no quiere la con-versión de Nínive:

Y yo, ¿no voy a apiadarme de Nínive, la gran metrópoli que habitan más de ciento veinte mil hombres que no distinguen la derecha de la iz-quierda, y muchísimo ganado?
Jon 4, 11

A Job le lanza una cascada de preguntas para que descubra su ignorancia.

46

Dios pleitea con su pueblo

Vuelvo a pleitear con vosotros
y con vuestros hijos pleitearé.

Jr 2, 9

¿Por qué me ponéis pleito,
si sois todos rebeldes?

Jr 2, 29

Con su pueblo se querella Dios en juicio contradictorio, para hacerle reconocer su culpa, su infidelidad a los compromisos. Alega hechos, esgrime argumentos, prodiga imágenes, encarece agravantes, asesta preguntas retóricas, rebate objeciones.

> *¿Qué delito encontraron en mí vuestros padres*
> *para alejarse de mí?*
> *Siguieron tras vaciedades*
> *y se quedaron vacíos.*

Jr 2, 5

Para que la infiel se arrepienta, se convierta y se enmiende. Dios pleitea para terminar perdonando.

47

Dios pleitea con los ídolos

Presentad vuestro pleito, dice el Señor;
aducid vuestras pruebas, dice el rey de Jacob.
Narradnos vuestras predicciones pasadas
y prestaremos atención;
anunciadnos el futuro
y comprobaremos el desenlace,
y sabremos que sois dioses.

Is 41, 21-22.23

Los ídolos son dioses falsos, son inexistentes. En rigor no pueden entrar en pleito. Pero la ficción literaria les presta una existencia ficticia para que quede demostrada su nulidad. El Señor los desafía irónicamente y los desprecia soberanamente:

Vosotros sois nada, vuestras obras, vacío.

Is 41, 24

48

Silencio de Dios

¿Te quedas insensible a todo esto,
te callas y nos afliges sin medida?

Is 64, 11

Te pegaré la lengua al paladar:
te quedarás mudo.

Ez 3, 26

Puede tener muchos significados el silencio de Dios. Puede ser compás de espera para aumentar la expectación y ahondar la capacidad de recibir. Puede ser castigo de los que rehusaron aceptar sus palabras. Puede ser el velo del misterio que envuelve a la divinidad, ante la cual el hombre ha de guardar silencio: *"¡Silencio en su presencia todo el mundo!"* (Hab 2, 20). Para intimar su silencio, el Señor escoge un profeta, hombre de la palabra, y lo deja mudo. Ezequiel mudo es el gran testigo del silencio de Dios. El hombre siente ese silencio intolerable y pide a Dios que rompa a hablar.

49

Corazón de Dios

Sabemos que los hebreos ponían en el corazón la sede de la vida consciente: pensamientos, recuerdos, sentimientos, deseos, decisiones... Así hablan del corazón de Dios.

¿No pensaba el Señor y no se acordaba..?
Jr 44, 21

El hebreo menciona el corazón. Complemento son cultos idolátricos.

Cosa que no mandé
ni se me pasó por la cabeza.
Jr 7, 31

Se refiere a los sacrificios humanos. En hebreo es, a la letra, *"ni me subió al corazón"*.

Gozaré haciéndoles el bien.
Los plantaré en su tierra de todo corazón.
Jr 32, 41

La frase expresa una decisión sin reservas.

50

Entrañas de Dios

Los hebreos consideraban las entrañas (a la letra, la matriz) como sede de sentimientos de cariño y ternura. Observaban un estremecimiento visceral como señal del sentimiento.

> *¿Cómo podré dejarte, Efraín?*
> *¿Entregarte a ti, Israel?*
> *Me da un vuelco el corazón*
> *y se me conmueven las entrañas.*
> Os 11, 8

Aunque el hijo sea culpable, es más fuerte el cariño paterno de Dios. El título "compasivo" de Dios pertenece a la misma raíz: es compasión "entrañable". En Is 54, 7 expresa el afecto conyugal del marido por la esposa, Jerusalén.

51

Dios sentado

El Señor se sienta sobre el diluvio,
está sentado el Señor como rey eterno.
Sal 29, 10

El cielo es mi trono,
y la tierra, estrado de mis pies.
Is 66, 1

Tiene un trono celeste, como soberano cósmico; por encima de las aguas superiores del cielo. Desde allí controla el mundo de los meteoros. Tiene un trono sustentado por querubines en el templo.

Vi al Señor sentado sobre un trono alto y excelso. La orla de su manto llenaba el templo.
Is 6, 1

Trono glorioso, exaltado desde el principio
es nuestro lugar santo.
Jr 17, 12

Con grande respeto ante cielo y tierra, por la presencia de su soberano, *"postraos ante el estrado de sus pies"* (Sal 99, 5).

52

Dios de pie

El Señor responde: por la opresión del humilde,
por el lamento del pobre, ahora me levanto.

Sal 12, 6

He ahí el que levanta o subleva al Señor: la víctima de la opresión. Se pone en pie para intervenir, como juez o como guerrero.

Se levanta Dios, se dispersan sus enemigos.
Como se disipa el humo, se disipan,
como se derrite la cera ante el fuego.

Sal 68, 2-3

Cuando no interviene, es como si durmiera. Entonces Jerusalén le grita. (Y nosotros como ella).

¡Despierta, despierta, revístete de fuerza,
como antaño, brazo del Señor.

Is 51, 9

Pero es ella quien debe espabilarse y despertar. Un día se levantará él para juzgar a toda soberbia y arrogancia humana

Sólo el Señor será ensalzado aquel día,
cuando se levante aterrando la tierra.

Is 2, 18.19

53

Caminos de Dios

Mis planes no son vuestros planes,
mis caminos no son vuestros caminos.

Is 55, 8

Caminos de Dios son su modo de proceder, sus métodos. No coinciden con los del hombre, porque abarcan tiempos y espacios. Hablamos de los caminos históricos de Dios cuando guiaba a su pueblo por el desierto:

Oh Dios, cuando salías al frente de tu pueblo,
cuando caminabas por el páramo,
la tierra tembló, el cielo destiló.

Sal 68, 8

Dios quiere acompañarnos en nuestros caminos, en nuestra peregrinación hacia la patria. Como a Moisés; escuchemos que nos dice:

Yo en persona iré caminando
para llevarte al descanso.

Ex 33, 14

54

Huellas de Dios

Tu camino por el mar,
un vado por las aguas caudalosas,
y no quedaba rastro de tus huellas.
Sal 77, 20

No se hace camino al navegar por el mar. Qué poco le cuesta al mar cicatrizar la herida, cerrar la estela que deja el barco. Muchas veces Dios ha atravesado los caminos de los hombres, por mar y tierra:

Camina sobre el dorso de la tierra.
Am 4, 13

Camina sobre el dorso del mar.
Job 9, 8

¿Dónde están sus huellas? Quizá sean huellas de Dios las palabras, que varias generaciones nos han trasmitido como legado único. Quizá sean huellas de Dios en nuestro interior las ansias de encontrarlo.

55

Dios infatigable

No se cansa, no se fatiga
es insondable su inteligencia.
El da fuerzas al cansado,
acrecienta el vigor del inválido.
Aun los muchachos se cansan y fatigan,
los jóvenes tropiezan y vacilan.
Pero los que esperan en el Señor
renuevan las fuerzas,
echan alas como las águilas,
corren sin cansarse, marchan sin fatigarse.

Is 40, 28-31

No se cansa Dios en sus tareas. No se cansa de nosotros, y bien que le damos motivo. ¿Nos cansamos nosotros de Dios? No nos cansemos en nuestro camino hacia él, con él. El nos dará fuerzas y nuestro caminar será un vuelo.

56

Dios eterno

Los hebreos conciben o imaginan la eternidad como un tiempo indefinido, no la piensan como un no-tiempo:

Al principio cimentaste la tierra,
el cielo es obra de tus mano:
ellos perecerán, tú permaneces,
se gastarán como la ropa,
serán como un vestido que se muda.
Tú, en cambio, eres aquel
cuyos años no se acaban.
                                        Sal 102, 26.28

Pero los años no son medida de Dios. Son el girar de un minúsculo planeta que llamamos tierra en torno a un pequeño astro que llamamos sol, que se mueve en una de las innumerables galaxias. Dios, creador del tiempo, existe sin tiempo, desde siempre y por siempre.

57

Vestido de Dios

Te revistes de belleza y majestad,
la luz te envuelve como un manto.
Sal 104, 1-2

A tal soberano, tal vestidura. ¿Quién ha tejido el manto de la luz? La luz revela figura y color: no hay vestido más hermoso. No se rasga ni se gasta; está nuevo cada mañana. Pero cuando el Señor contempla la maldad y la opresión triunfantes y sale a hacer justicia vindicativa y defender a los inocentes, entonces por traje se vistió la venganza y por manto, la indignación (Is 59, 17).

Resulta extraña otra pieza de ropa que quiso ceñirse el Señor:

Como se adhiere el cinturón
a la cintura del hombre,
así me ceñí a judíos e israelitas
para que fueran mi pueblo,
mi fama, mi gloria y honor.
Jr 13, 11

58

Morada de Dios

¿Por qué han de decir los paganos:
dónde está tu Dios?
Nuestro Dios está en los cielos.
Sal 115, 2

El Señor está en su santo templo.
Hab 2, 20

Confirma, Dios,
lo que has hecho por nosotros
desde tu templo de Jerusalén.
Sal 68, 30

Según los hebreos, Dios tenía dos moradas. Una trascendente, celeste y cósmica: *"El cielo pertenece al Señor"* (Sal 115, 16). Es inaccesible a los hombres. Otra se encuentra en Jerusalén, en el monte Sión: es su templo santo. En ella habita con su nombre y su gloria, sin imagen. Esta es accesible a los hombres, según grados de cercanía. Desde el templo protege la ciudad. Pero el Señor puede abandonar su templo si los hombres lo profanan. No es talismán mágico ni *"cueva de ladrones"* (Jr 7, 11).

59

Ciudad de Dios

¡Grande es el Señor
en la ciudad de nuestro Dios!
Su monte santo, colina hermosa,
gozo de toda la tierra.
Vértice del cielo,
capital del Emperador.

Sal 48, 2-3

Eligió un pueblo, le dio un territorio, le procuró una capital. Eligió un rey, que vive en su palacio. El Señor es el Emperador: el templo es su palacio; el monte Sión, su alcazaba; Jerusalén, su capital. Por la presencia del soberano, la capital de un reino será capital del mundo:

La ha cimentado en un monte santo.
Sal 87, 1

El Altísimo en persona la ha fundado.
Sal 87, 5

¡Qué glorioso pregón para ti, Ciudad de Dios!
Sal 87, 3

Que será madre de pueblos porque todos *"uno por uno han nacido allí"* y el Señor los ha inscrito en su registro.

60

Dios está con...

Y le pondrá por nombre Emanuel.
Is 7, 14

Un nombre lo sintetiza: Dios-con-nosotros. Cuando quiere enviar a Moisés y éste se resiste, el Señor le promete: *"Yo estoy contigo"* (Ex 3, 12). Cuando David se propone edificar un templo al Señor, éste le dice: *"Yo he estado contigo en todas tus empresas"* (2 Sm 7, 9). Y pide correspondencia: *"Con el leal tú eres leal"* (Sal 18, 26). En el momento de la vocación y ante la resistencia de Jeremías, el Señor le promete: *"No les tengas miedo, que yo estoy contigo para librarte"* (Jr 1,4); y se lo repite en una crisis de vocación (15,20). El orante siente esa compañía en la oscuridad y confiesa: *"Nada temo: tú vas conmigo"* (Sal 23, 4). Y otro resume su experiencia: *"Para mí lo bueno es estar junto a Dios"* (Sal 73, 28).

61

Amor de Dios

Con amor eterno te amé,
por eso prolongué la lealtad.
Jr 31, 3

Porque te aprecio y te quiero.
Is 43, 4

Curaré su apostasía,
los querré sin que lo merezcan.
Os 14, 5

El amor de Dios es iniciativa suya gratuita. Si da el
ser es por amor: cuando no existían ¿cómo podían recla-
mar algo? Aun cuando se hayan hecho indignos del
afecto, Dios sigue amando. Porque su amor es eterno y
es más grande que nuestra debilidad. Juan se atrevió a
definir: *"Dios es amor"* (1 Jn 4, 8); y por eso ama a todos:

Amas a todos los seres
y no aborreces nada de lo que has hecho;
si hubieras odiado alguna cosa,
no la habrías creado.
Sab 11, 24

62

Celos de Dios

No tendrás otros dioses rivales míos.
Ex 20, 3

Yo, el Señor, tu Dios, soy un Dios celoso.
Ex 20, 5

Porque ama con pasión siente celos; exige ser amado *"con todo el corazón y todas las fuerzas"*. No acepta corazones divididos. Porque ama a Jerusalén siente celos por ella, no quiere que se la roben:

Siento celos de Jerusalén,
celos grandes de Sión.
Zac 1, 14

Los celos pueden transformarse en ira y descargar sobre el culpable (Ez 5, 13). El hombre se contagia de los celos de Dios:

Porque me devora el celo por tu templo.
Sal 69, 10

63

Odio de Dios

Así lo dice la Biblia. No hay que asustarse ni escandalizarse. Porque "odio" es una manera de expresar que Dios es inconciliable. El ser infinito es inconciliable con la nada, el Dios vivo es inconciliable con la muerte, el Dios Santo es inconciliable con la maldad. Traducida en pasión, esa cualidad la llamamos odio, aborrecimiento.

> *Porque yo, el Señor, amo la justicia,*
> *detesto la rapiña y el crimen.*
>
> Is 61, 8

> *Al que ama la violencia lo aborrece.*
>
> Sal 11, 5

El hombre se contagia de esa indignación, porque no puede ser indiferente a ella.

> *A quienes te odian, Señor, yo los odio,*
> *los tengo por enemigos.*
>
> Sal 139, 21

64

Clemencia de Dios

Moisés quiere ver el rostro de Dios. Es imposible en vida; tiene que contentarse con ver la espalda de Dios que se aleja y con escuchar al Señor que se presenta con nombre y títulos.

> *El Señor, el Señor,*
> *el Dios compasivo y clemente,*
> *paciente, misericordioso y fiel.*
> Ex 34, 6

Compasivo para compartir el dolor de quien sufre o se arrepiente; clemente para perdonar ofensas. Se compadece de quien padece.

> *Te compadeces de todos porque todo lo puedes.*
> *A todos perdonas porque son tuyos,*
> *Señor, amigo de la vida.*
> Sab 11, 23.26

La definición de Ex 34, entera o en parte, se usa como fórmula litúrgica.

65

Lealtad de Dios

Vamos a distinguir lealtad de misericordia (aunque en hebreo se use el mismo vocablo). La misericordia es simple iniciativa gratuita, solicitada por una miseria. La lealtad supone un compromiso previo.

> *¡Levántate a socorrernos,*
> *redímenos, por tu lealtad!*
> Sal 44, 27

> *La lealtad del Señor cantaré eternamente.*
> Sal 89, 2

> *He sellado una alianza con mi elegido.*
> Sal 89, 4

Uno es leal a un soberano, a un pueblo, a un partido. El Señor se ha comprometido con su pueblo sellando una alianza: tiene que ser leal. Se ha comprometido con David prometiendo: tiene que ser leal a su palabra. El Padre nos ha dado su Palabra (= su Hijo). Rescatemos ese título de nuestro Dios: el Dios leal.

66

Paciencia de Dios

Paciencia se dice en hebreo "largo de narices". Es saber contenerse, aguantar, "dar largas":

> *Por mi nombre doy largas a mi cólera,*
> *por mi honor me contengo para no aniquilarte.*
> Is 48, 9

Cuánto tuvo que aguantar Moisés guiando a su pueblo. Cuánta paciencia le costamos los hombres a Dios. Es una de nuestras bazas. Da largas, porque da tiempo para arrepentirse. Pero no hay que abusar:

> *No te fíes de su perdón*
> *para añadir culpas a culpas.*
> Eclo 5, 5

Sucede que Dios, paciente con los malvados, deja sufrir al inocente, y éste clama *"¿Hasta cuándo, Señor?"* (Sal 13).

> *No me dejes perecer por tu paciencia,*
> *mira que soporto injurias por tu causa.*
> Jr 15, 15

67

Bondad de Dios

Yo haré pasar ante ti toda mi bondad.
Ex 33, 19

Tú eres mi dueño, no tengo bien fuera de ti.
Sal 16, 2

Para mí lo bueno es estar junto a Dios.
Sal 73, 27

Contigo ¿qué me importa la tierra?
Sal 73, 25

Dios es el sumo bien sin límites. Hablando ben-dice; obrando es bien-hechor. Estar con él es bien-estar. En él está nuestra bien-aventuranza. Su carácter es bondado-so, su amistad es bene-ficiosa. El hombre no siempre sabe distinguir el bien del mal; llega a llamar *"al mal bien y al bien mal"* (Is 5, 20). Dios tiene que corregirlo: *"Hombre, ya te he explicado lo que está bien"* (Miq 6, 8). Instruidos por él rezamos:

Que nos saciemos de los bienes de tu casa.
Sal 65, 5

68

Memoria de Dios

Se acuerda siempre de su alianza,
de la palabra dada, por mil generaciones.
Sal 105, 8

Acuérdate, Señor, que tu compasión
y tu lealtad son eternas.
De mis pecados juveniles no te acuerdes.
Según tu lealtad acuérdate de mí.
Sal 25, 6-7

La memoria de Dios es como la coherencia consigo, la continuidad en actuar su proyecto. Referida al hombre, pedimos que se bifurque: que se acuerde de nuestras buenas obras y se olvide de las malas. Amnistía es palabra griega que significa no-memoria. A su vez, el hombre debe recordar las acciones históricas del Dios Salvador. Olvidar es repetir el error, es perder la identidad.

69

Conocer de Dios

Dejemos hoy la palabra al salmo 139:

Señor, tú me sondeas y me conoces.
Me conoces cuando me siento o me levanto,
de lejos percibes mis pensamientos
Disciernes mi camino y mi descanso,
todas mis sendas te son familiares.
No ha llegado la palabra a la boca,
y ya, Señor, te la sabes toda.
Tanto saber me sobrepasa
es sublime y no lo abarco.

Sal 139, 1-4.6

El saber de Dios es total, simple, penetrante. Aquí sí que saber es "saber que no se sabe". Menguado sería el saber de Dios si cupiera en nuestra inteligencia.

70

Planes de Dios

El Señor anula el proyecto de las naciones,
frustra los planes de los pueblos.
Pero el proyecto del Señor se cumple siempre,
sus planes de generación en generación.

Sal 33, 10-11

Se refiere a los proyectos injustos, a los planes agresivos. A los planes de los hombres contra el plan de Dios o prescindiendo de él. A la arrogancia de quererlos imponer y a la seguridad de hacerlos triunfar. Designio es la forma culta de diseño. Es como el cartón para un tapiz que se deberá desenrollar a lo largo de la historia. El diseño guarda secretos y depara sorpresas. El Señor es poderoso para cumplir:

Este es el plan decidido
sobre toda la tierra,
ésta es la mano extendida
sobre todos los pueblos.

Is 14, 26

71

Voluntad de Dios

Nuestro Dios está en los cielos
e hizo cuanto quiso.

Sal 115, 3

He de cumplir tu voluntad,
y yo lo quiero, Dios mío;
llevo tu instrucción en las entrañas.

Sal 40, 9

Enséñame a cumplir tu voluntad,
pues tú eres mi Dios.

Sal 143, 10

Realmente ¿hace Dios cuanto quiere? Ha impreso sus órdenes en el universo y éste las cumple. Los rayos acuden a su llamada, los astros ocupan su puesto nocturno de centinelas, el mar no traspasa los límites de las playas... El hombre recibe órdenes, y se resiste. Cuando hayamos "entrañado" sus instrucciones, cuando hayamos hecho nuestra su voluntad, haremos voluntariamente cuanto Dios quiere.

72

Agrado de Dios

El Señor aborrece las balanzas falsas
y le agradan las pesas exactas.
Prov 11, 1

Aborrece el Señor la mente tortuosa
y le agrada una conducta sincera.
Prov 11, 20

Balanzas y pesas regulan la justicia conmutativa en el comercio y pueden representar cualquier clase de justicia. La sinceridad garantiza las relaciones con Dios y con los hombres. Pero el hombre es insincero consigo y más aún con Dios. Agradar a otros es una satisfacción. ¿Podemos agradar a Dios con nuestro donecillos?

Que te agraden las palabras de mi boca,
acepta mi meditación.
Sal 19, 15

Que te sea agradable mi poema,
y yo me alegraré con el Señor.
Sal 104, 34

73

Gozo de Dios

¡Goce el Señor con sus obras!
Sal 104, 31

Yo estaba junto a él como artesano,
yo estaba disfrutando cada día.
Prov 8, 30

El gozo del marido con la esposa
lo encontrará el Señor contigo.
Is 62, 5

Cuando el Creador contemplaba sus criaturas y las encontraba buenas y bellas, disfrutaba con sus obras. Sabiduría artesana, disfrutaba con sus tareas creadoras. ¿Puede gozar Dios con los hombres? El texto de Isaías lo dice con una comparación audaz: es como un gozo conyugal. El hombre es invitado a compartirlo. Festejar al Señor es una manera de participar de su gozo.

74

Pena de Dios

Hijos he criado y educado,
y ellos se han rebelado contra mí.
Conoce el buey a su amo,
y el asno el pesebre de su dueño;
Israel no me conoce.

Is 1, 2-3

Escuchamos la queja dolorida de Dios. De un padre que lo ha hecho todo por su hijo, y éste se aleja y se extravía. La mala correspondencia del hombre es el gran dolor de Dios: por la desgracia del hombre. También sufre viendo sufrir a los inocentes.

¡Cuántas querellas del Señor con su pueblo, por boca de profetas, están transidas de dolor! Los que oran intentan traspasar sus penas a Dios para que actúe.

75

Risa de Dios

Sentado en el cielo sonríe,
el Señor se burla de ellos.
Sal 2, 4

Tú, Señor, te ríes de ellos,
te burlas de los paganos.
Sal 59, 9

Nosotros hablamos de la ironía de la historia, como de una dama que abarca las edades y sonríe previendo o contemplando el desenlace. ¡Qué ridículos los proyectos imperiales, qué ingenua la fe en el progreso! Nadie tan por encima, tan ancho y largo de visión como Dios. Puede sonreír ante las pretensiones de pueblos y jefes *"contra Dios y contra su Ungido"*. Que la risa del Señor nos contagie. Aprendamos a sonreír y relativizar nuestras ilusiones, nuestros proyectos, *"como un sueño al despertar"* (Sal 73, 20).

76

Arrepentimiento de Dios

El Campeón de Israel
no miente ni se arrepiente,
porque no es un hombre para arrepentirse.
1 Sm 15, 29

Al ver el Señor que en la tierra crecía la mal-
dad de los hombres y que toda su actitud era
siempre perversa, se arrepintió de haber creado
al hombre en la tierra, y le pesó de corazón.
Gn 6, 5-6

Se arrepintió el Señor de la amenaza
que había pronunciado contra su pueblo...
Ex 32, 14

Quizá aceptamos sin dificultad lo primero y nos extraña lo demás. ¿Puede Dios arrepentirse? La imagen de Dios se ha desfigurado y habrá que borrarla, salvando a un sucesor con la familia. La amenaza contra el pueblo era condicionada, enderezada a provocar la intercesión de Moisés. Pero Dios toma también decisiones irrevocables y no se arrepiente. La máxima, enviar a su Hijo a rehacer su imagen.

77

Dios padre

*Israel es mi hijo primogénito, y yo te ordeno
que dejes salir a mi hijo para que me sirva.*
Ex 4, 22-23

*No reprimas tu compasión,
que tú eres nuestro padre.*
Is 63, 15

*El me invocará: "Tú eres mi Padre".
Y yo lo nombraré mi primogénito.*
Sal 89, 27-28

*Invoqué al Señor: Tú eres mi Padre,
tú eres mi fuerte salvador.*
Eclo 51, 10

Primero, el Señor adopta como hijo al pueblo entero
y lo llama primogénito por su destino histórico en el
plan de Dios. En virtud de esa relación, el hijo arrepentido puede apelar a la compasión paterna de su dios.
Después, el Señor adopta como hijo al rey davídico,
apuntando hacia el Mesías. Después, un autor tardío
incorpora la espiritualidad del rey a su devoción particular. Nosotros tenemos la revelación de Dios Padre del
Nuevo Testamento.

78

Dios madre

Aunque la Biblia no llama a Dios madre, le atribuye a veces, directa o indirectamente, rasgos maternales:

¿Puede una madre olvidarse de su criatura,
dejar de querer al hijo de sus entrañas?
Pues aunque ella se olvide, yo no te olvidaré.
Is 49, 15

¿He concebido yo a todo el pueblo
o lo he dado a luz? para que me digas:
toma en brazos a este pueblo,
como la nodriza a la criatura, y llévalo.
Nm 11, 12

Desde antiguo guardé silencio,
me callaba, aguantando;
como parturienta jadeo y resuello.
Is 42, 14

El primer texto dice el amor materno de Dios, a pesar de todo. En el segundo, Moisés quiere descargar en Dios la responsabilidad de "llevar" al pueblo. El tercero es una imagen audaz, que presenta a Dios como preñada de una era nueva que está para alumbrar.

79

Dios padre educador

*El Señor, tu Dios, te ha educado
como un padre educa a su hijo.*
                    Dt 8, 5

No ha sido una enseñanza teórica ni distante. Lo ha educado a través de las pruebas del desierto para que fuera madurando. Le ha enseñado con la solicitud y comprensión de un padre. El pueblo, como *"hijo degenerado, se portó mal con él"*, y el padre se queja:

> *¿Así le pagas al Señor,
> pueblo necio e insensato?
> ¿No es él tu padre y tu creador, el que te hizo?*
>   Dt 32, 6

El muchacho, *"como novillo indómito"*, recibe el escarmiento, se arrepiente y vuelve al padre. El cual lo recibe emocionado:

> *¡Si es mi hijo querido, Efraín,
> mi niño, mi encanto!
> Cada vez que le reprendo,
> me acuerdo de ello,
> se me conmueven las entrañas
> y cedo a la compasión.*
>   Jr 31, 20

80

Dios esposo: infidelidad

Tomando la ciudad como personificación femenina del pueblo, es frecuente el símbolo Yhwh–esposo, Jerusalén o Samaría–esposa, con la constelación de enamoramiento, fidelidad, infidelidad y reconciliación.

Recuerdo tu cariño de joven, tu amor de novia.
Jr 2, 2

El Señor reprocha a la infiel con palabras duras, justificadas:

En cualquier colina alta,
bajo cualquier árbol frondoso
te acostabas y te prostituías.
Jr 2, 20

En la recriminación compara el mal amor con el instinto animal:

Camella liviana de extraviados caminos
asna salvaje criada en la estepa,
cuando en celo otea el viento,
¿quién domará su pasión?
Jr 2, 23-24

Ella persistía en sus infidelidades al Dios esposo:

Estoy enamorada de extranjeros
y me iré con ellos.
Jr 2, 25

81

Dios esposo: reconciliación

Por diversos medios intenta el esposo reducir a la
infiel: vallándole el camino, quitándole sustento y do-
nes. No pudiendo olvidar su amor, decide cortejarla
como al principio:

> *Me la llevaré al desierto*
> *y le hablaré al corazón.*
> *Allí me responderá como en su juventud.*
> *Me llamarás: ¡esposo mío!*
> *Ya no me llamarás ídolo mío.*
> *Te desposaré con dote de justicia y derecho,*
> *de afecto y cariño.*
> *Te desposaré con dote de fidelidad.*
> *Y conocerás al Señor.*
>
> Os 2, 16-18.21

El ultimo verbo tiene resonancia nupcial. De modo
semejante:

> *El que te hizo te toma por esposa:*
> *su nombre es Señor de los Ejércitos.*
> Is 54, 5

82

Dios labrador

Tu cuidas de la tierra, la riegas
y la enriqueces sin medida.
La acequia de Dios va llena de agua.
Preparas sus trigales. Así la preparas:
riegas los surcos, igualas los terrones,
tu llovizna los deja esponjosos;
bendices sus brotes.
Coronas el año con tus bienes
y tus carriles rezuman abundancia;
rezuman los pastos del páramo
y las colinas se orlan de alegría;
las praderas se cubren de rebaños
y los valles se visten de mieses
que aclaman y cantan.

Sal 65, 10-14

Como padre de familia que trabaja la tierra minuciosamente para procurar alimento a los suyos, así Dios cuida de las estaciones, de plantas y animales.

83

Dios viñador

Voy a cantar en nombre de mi amigo
un canto de amor a su viña:
Mi amigo tenía una viña en fértil collado.
La entrecavó, la descantó
y plantó cepas selectas;
construyó en medio una atalaya
y cavó un lagar. Esperó que diera uvas,
pero dio agrazones.

Is 5, 1-2

Es una canción de amor en imagen de canto de tra-
bajo. El Señor ha extremado sus cuidados, y el pueblo
no ha respondido. Un día se convertirá y el Señor la cul-
tivará de nuevo:

Yo, el Señor, soy su guardián,
la riego con frecuencia;
para que no le falte su hoja,
día y noche la guardo.

Is 27, 3

84

Dios pastor

Ante la mala gestión de los pastores (= gobernantes) designados, el Señor decide y promete encargarse personalmente del rebaño:

> Yo mismo en persona buscaré mis ovejas
> siguiendo su rastro.
> Los apacentaré en ricos pastizales
> allí se recostarán en fértiles dehesas.
> Buscaré las ovejas perdidas,
> recogeré las descarriadas,
> vendaré las heridas,
> curaré las enfermas,
> a las gordas y fuertes las guardaré.
> Descastaré de la tierra los animales dañinos,
> y acamparán seguros en la estepa.
> Ez 34, 11.14.16.25

Habría que añadir a este texto el popular Sal 23: "El Señor es mi pastor: nada me falta".

85

Dios arquitecto

¿Dónde estabas cuando cimenté la tierra?
¿Quién señaló sus dimensiones?
¿Dónde encaja su basamento
o quién asentó su piedra angular
entre la aclamación unánime
de los astros del cielo
y los vítores de todos los ángeles?

Job 38, 4-7

Aquí Dios, desafiando a Job, se presenta como el arquitecto cósmico. En otros textos es el arquitecto de Jerusalén y de cada casa familiar:

Yo, el Señor, reedifico lo destruido
y planto lo arrasado.

Ez 36, 36

Cuando el Señor reconstruya Sión
y aparezca en su gloria.

Sal 102, 17

Si el Señor no construye la casa,
en vano se cansan los albañiles.

Sal 127, 1

86

Dios guerrero

Cantaré al Señor, sublime es su victoria,
caballos y jinetes ha arrojado en el mar.
Tu diestra, Señor, es fuerte y magnífica;
tu diestra, Señor, tritura al enemigo.
Ex 15, 1.6

Representan a Dios como el capitán que dirige y vence las batallas en defensa de su pueblo, contra los agresores. Acepta el desafío del enemigo.

Montas tus caballos, tu carro victorioso.
Desnudas y alertas tu arco,
cargas de flechas tu aljaba.
Hab 3, 8.9

Flechas suyas son los rayos justicieros. En la derrota el pueblo se queja a su capitán:

Ya no sales, oh Dios, con nuestras tropas.
Sal 60, 12

87

La panoplia de Dios

El autor compone una panoplia hecha de armas cósmicas y metafóricas. Es el momento de la justicia vindicativa de Dios:

Tomará la armadura de su celo
y armará a la creación.
Vestirá la coraza de la justicia,
se pondrá como casco un juicio insobornable;
empuñará como escudo
su santidad inexpugnable;
afilará la espada de su ira implacable
y el universo peleará a su lado
contra los insensatos.
Saldrán certeras ráfagas de rayos
del arco bien tenso de las nubes
y volarán hacia el blanco;
La catapulta de su ira lanzará espeso pedrisco;
las aguas del mar se embravecerán contra ellos.
Se levantará contra ellos su aliento poderoso.

Sab 5, 17-23

88

Dios juez

Que te rodee una asamblea de naciones,
presídela desde la altura.
El Señor es juez de los pueblos.
Júzgame, Señor, según mi justicia.

Sal 7,8

El inocente apela al tribunal supremo, del juez universal. Abrahán se atreva a discutir con Dios juez para sacarle el perdón de Sodoma y Gomorra:

> *¿De modo que vas a destruir al inocente con el culpable? Supongamos que hay en la ciudad cincuenta inocentes: ¿los destruirías en vez de perdonar al lugar en atención a los cincuenta inocentes que hay en él? ¡Lejos de ti hacer tal cosa! Matar al inocente con el culpable, confundiendo al inocente con el culpable. ¡Lejos de ti! El juez de todo el mundo ¿no hará justicia?*

Gn 18, 23-25

89

Dios alfarero

El arranque está en la creación del hombre según refleja Gn 2. Más tarde la imagen se desarrolla: En el taller de un alfarero recibe Jeremías un oráculo, que resuena después del destierro:

> *Y yo, ¿no podré trataros, israelitas,*
> *como ese alfarero?*
>
> Jr 18, 6

> *Nosotros, la arcilla y tú, el alfarero.*
> Is 64, 7

La imagen puede servir en boca de Dios para una polémica:

> *¡Ay del que pleitea con su artífice,*
> *loza con el alfarero!*
> *¿Acaso dice la arcilla al artesano:*
> *«qué estás haciendo»?*
>
> Is 45, 9

La imagen sirve también para un mensaje consolador: un sorprender a Dios con las manos en la masa:

> *El conoce nuestra condición*
> *y se acuerda de que somos barro.*
> Sal 103, 14

Dejémonos modelar por él.

90

Dios médico

El enfermo pide a Dios la curación, y responde una promesa genérica:

Piedad de mí, Señor, que desfallezco,
cura, Señor, mis huesos dislocados.

Sal 6, 3

El perdona todas tus culpas
y cura todas tus dolencias.

Sal 103, 3

La cura no es milagrosa, emplea remedios humanos.

He escuchado tu oración,
he visto tus lágrimas.
Mira, voy a curarte.

2 Re 20, 5

Dios es, además, médico espiritual:

Te curaré de tu apostasía.

Jr 3, 22

El sana los corazones afligidos.

Sal 147, 3

91

Dios centinela

No duerme, ni dormita
el guardián de Israel
De día el sol no te hará daño
ni la luna de noche
El Señor guarda tus entradas y salidas.

Sal 121, 4.6.8

Hay alguien que no duerme para que todos podamos dormir. Hay alguien que vigila las dos "lumbreras" celestes para que no hagan daño al hombre. Hay alguien de guardia a la puerta para protegernos al entrar y salir. Llegará el último sueño y nos lo velará el Señor.

Si el Señor no guarda la ciudad,
en vano vigilan los centinelas.

Sal 127, 1

92

Dios fundidor

Volveré mi mano contra ti:
para limpiarte de escoria en el crisol
y apartarte la ganga.

Is 1, 25

Sufrieron pequeños trabajos,
recibirán grandes favores,
porque Dios los puso a prueba
y los halló dignos de sí;
los probó como oro en crisol,
los recibió como sacrificio de holocausto.

Sab 3, 5

En un caso el crisol sirve para purificar lo que se ha estropeado: para apartar la injusticia y corrupción en la administración pública. En otro caso sirve para acendrar los méritos del justo. Porque los valores humanos no están limpios de ganga; y los ya acrisolados vuelven a degradarse. El crisol de Dios es prueba de estima e instrumento de purificación.

93

Dios maestro

Dichoso el hombre a quien tú enseñas.
Sal 94, 12

Te instruiré, te señalaré
el camino que debes seguir.
No seáis como caballos o mulos irracionales,
cuyo brío hay que domar con freno y bocado.
Sal 32, 8.9

Grande honor tener a Dios mismo por maestro. Gran condescendencia suya que se ocupe en enseñarnos. A todos y a cada uno. Ha de ser enseñanza interactiva, de hombres racionales que pueden relacionarse con Dios. "Dócil" es quien se deja enseñar (doceo). Atención a tantos falsos maestros. Dios se ofrece a enseñarnos con sus palabras de la Escritura, con su palabra interior:

Me enseñaste, Dios, desde la juventud.
Sal 71, 13

Yo, el Señor, tu Dios,
te enseño para tu provecho.
Is 48, 17

94

Dios consejero

Bendigo al Señor, que me aconseja,
aun de noche me instruyen mis entrañas.

Sal 16, 7

En las encrucijadas de la vida ¿por qué camino tirar? Entre dos bienes ¿cuál debo escoger? Muchos consejeros son interesados y no me valen. Yo busco mi interés, pero me puedo engañar. Sólo Dios es desinteresado cuando me ofrece su consejo. Los hombres multiplican los consejeros por áreas especializadas. Dios abarca todo el campo. Cuando Dios me aconseja, lo más íntimo de mí responde en sintonía. Mis entrañas, si están limpias de prejuicios y aficiones desordenadas, hacen eco con armónicos al consejo de Dios.

95

Dios legislador

La ley del Señor es perfecta,
devuelve el respiro.
Los mandatos del Señor son rectos,
alegran el corazón;
la norma del Señor es límpida,
da luz a los ojos.

Sal 19, 8-9

En el Sinaí el Señor da a su pueblo una constitución y una legislación. Es su voluntad hecha palabra y mandato para ordenar una sociedad civil y religiosa. El rey no es legislador: debe tener una copia de la ley, estudiarla y hacer que se cumpla (Dt 17, 18). La voluntad de Dios es la vida civil en paz y justicia; es fuente de bienestar y prosperidad. Contra la ley del más fuerte, una ley que cuida de los débiles. Contra leyes despiadadas, la ley del Compasivo.

96

Dios vivo

Mi alma está sedienta de Dios,
del Dios vivo.

Sal 42, 3

Mi corazón y mi carne
exultan por el Dios vivo.

Sal 84, 3

Título frecuente de Dios. Opuesto a los ídolos inertes que *"tienen boca y no hablan, tienen ojos y no ven... tienen pies y no andan"* (Sal 115, 5.7). Opuesto a las divinidades que han favorecido la injusticia y *"morirán como cualquier hombre"* (Sal 82, 7). Dios vivo frente a tantas fabricaciones humanas en las que los hombres ponen su esperanza, pero que son *"pura imagen, maestros de mentira"* (Hab 2, 18). Nuestro Dios vive siempre y es activo. Por eso nosotros, en carne y espíritu, sentimos con él el gozo de vivir.

97

Dios escondido y manifiesto

Es verdad: Tú eres el Dios escondido.
Is 45, 15

Escondido a los ojos de los mortales, que sólo pueden contemplar sus manifestaciones mediatas. Escondido a los ojos de la inteligencia, que nunca podrá penetrar su misterio, si él mismo no da entrada. Escondido en el universo mientras lo llena y abarca. Escondido en nosotros concurriendo y haciéndonos interlocutores. ¿Juega Dios al escondite con nosotros? La nube vela su imagen y desvela su presencia oculta.

Meditaba yo para entenderlo,
pero me resultaba muy difícil,
hasta que entré en el misterio de Dios.
Sal 73, 16

98

Dios cercano y lejano

¿Soy yo Dios sólo de cerca
y no Dios de lejos?
Jr 23, 23

No te quedes lejos, que el peligro está cerca.
Sal 22, 12

Buscad al Señor mientras se deja encontrar,
invocadlo mientras está cerca.
Is 55, 6

Apenas podemos imaginar las dimensiones del universo: ¿millones de años de luz? Dios ¿está más allá del último límite del universo? Nos asombra la pequeñez de las partículas subatómicas. Dios ¿está más cerca de nosotros que ellas entre sí? ¿Es Dios quien se aleja o somos nosotros quienes nos alejamos de él? Hay momentos en que parece acercarse, como un cometa en su órbita: aprovechemos esos momentos. Escuchemos su promesa que es invitación:

Yo lo acercaré hacia mí;
¿quién, si no, osaría acercarse a mí?
Jr 30, 21

99

Dios renovador

No recordéis lo de antaño,
no penséis en lo antiguo;
mirad que realizo algo nuevo:
ya está brotando, ¿no lo notáis?

Is 43, 18

Yo voy a crear un cielo nuevo
y una tierra nueva.

Is 65, 17

Como el cielo nuevo y la tierra nueva,
que voy a crear, durarán ante mí,
así durará vuestra estirpe y vuestro nombre.

Is 66, 22

Dios es inagotable. Siempre puede crear novas y supernovas en la esfera de la salvación. Mantengamos fresco el espíritu para dejarnos sorprender. Novedades, sorpresas de Dios: *"¡Qué admirables, Señor, tus pensamientos: los desmenuzo; aún me quedas tú!"* (Sal 139, 17.18).

100

Dios incomparable

¿Quién ha medido a puñados el mar?
¿Quién ha medido el Espíritu del Señor?
Mirad, las naciones son gotas de un cubo,
las islas pesan lo que un grano.
¿Con quién compararéis a Dios?

Is 40, 12.13.15-16

Nosotros tomaríamos otros términos de comparación: millones de galaxias, distancias de años-luz. Pasaríamos después al espíritu humano, indefinido y limitado. ¿Qué son las grandes realizaciones de la ingeniería, del arte? ¿Los descubrimientos? El hombre descubre lo que estaba ahí, puesto por Dios. Por más que nos esforcemos, Dios es siempre mayor.

Final

Dios músico

¿No exageramos? El último libro –cronológicamente– del AT al recapitular en el último párrafo el juego de Dios trasmutando la actividad de los elementos, propone la comparación del instrumento musical, del que se saca una infinita variedad de melodías:

> *Los elementos de la naturaleza*
> *se intercambiaban sus propiedades,*
> *lo mismo que en un arpa las cuerdas cambian*
> *el carácter de la música, sin cambiar el tono.*
>
> Sab 19, 18

> *Porque en todo, Señor,*
> *enalteciste y glorificaste a tu pueblo.*
>
> Sab 19, 22

Indice

Indice alfabético

Indice de citas bíblicas

117

Nuevo Testamento